www.ingramcontent.com/pod-product-compliance
Lightning Source LLC
Chambersburg PA
CBHW020304290526
45784CB00003B/1356
9781096114352